BEI GRIN MACHT SICH IHR WISSEN BEZAHLT

AF166847

- Wir veröffentlichen Ihre Hausarbeit,
  Bachelor- und Masterarbeit

- Ihr eigenes eBook und Buch -
  weltweit in allen wichtigen Shops

- Verdienen Sie an jedem Verkauf

Jetzt bei www.GRIN.com hochladen
und kostenlos publizieren

Strategiebericht für ein Gesundheitsstudio in Düsseldorf. Planung, Analyse und Prognose

Mandy Zschaler

Bibliografische Information der Deutschen Nationalbibliothek:

Die Deutsche Nationalbibliothek verzeichnet diese Publikation in der Deutschen Nationalbibliografie; detaillierte bibliografische Daten sind im Internet über http://dnb.d-nb.de abrufbar.

ISBN: 9783346820471
Dieses Buch ist auch als E-Book erhältlich.

Druck und Bindung: Books on Demand GmbH, Norderstedt Germany
Gedruckt auf säurefreiem Papier aus verantwortungsvollen Quellen

Das vorliegende Werk wurde sorgfältig erarbeitet. Dennoch übernehmen Autoren und Verlag für die Richtigkeit von Angaben, Hinweisen, Links und Ratschlägen sowie eventuelle Druckfehler keine Haftung.

Das Buch bei GRIN: https://www.grin.com/document/1328925

Deutsche Hochschule für
Prävention und Gesundheitsmanagement
Hermann-Neuberger-Sportschule 3
66123 Saarbrücken

Hausarbeit

Name, Vorname	**Zschaler, Mandy**
Studiengang	**MPGM**
Studienmodul	**Strategische Unternehmensführung**
Datum Präsenzphase (siehe Ergebnisdokumentation)	**26.10.-28.10.2022**

Inhaltsverzeichnis

1   DARSTELLUNG DER AUSGANGSSITUATION 3

1.1   Wahl des Standortes 3

1.2   Beschreibung des Unternehmenstyps..4

2   PHASE DER STRATEGISCHEN ZIELPLANUNG.. 5

2.1   Unternehmerische Vision / Mission / Grundwerte...5

2.2   Strategische Zielplanung 6

2.3   Branchenvergleich 7

3   PHASE DER STRATEGISCHEN ANALYSE UND PROGNOSE.................. 9

3.1   Branchenstrukturanalyse...9

3.2   SWOT-Analyse...10

3.3   Zielplanung...12

4   PHASE DER STRATEGIEFORMULIERUNG 13

4.1   Strategieformulierung 13

4.2   Blue Ocean-Strategie 14

5   PERSONALMANAGEMENT 15

5.1   Führungsverhalten..15

5.2   Recruiting 17

6   LITERATURVERZEICHNIS 18

7   ABBILDUNGSVERZEICHNIS.. 21

8   TABELLENVERZEICHNIS 21

1 Darstellung der Ausgangssituation

1.1 Wahl des Standortes

Für die europäische Expansion einer international agierenden Unternehmensgruppe wird im nachfolgenden Strategiebericht ein passender Standort für ein Gesundheitsstudio in der Düsseldorfer Innenstadt bestimmt. Hierbei werden die soziodemografische Struktur, die Erreichbarkeit sowie die Verkehrs- und Konkurrenzsituation als bedeutende Standortfaktoren näher betrachtet (Heinze, Römmelt & Daumann, 2011, S. 6–8).

Der zentral geplante Standort im Stadtteil Düsseldorf-Stadtmitte gehört zum Stadtbezirk I, in welchem laut Statistiken der Stadtforschung Düsseldorf (2021, S. 1–2) hauptsächlich Personen zwischen 30 und 65 Jahren (Durchschnittsalter: 42,3 Jahre) leben und arbeiten. Unzählige Geschäfts- und Büroflächen im gesamten Stadtbezirk bieten neben zentral gelegenen Arbeitsplätzen auch potenzielle Kunden für das geplante Gesundheitsstudio. Im Vergleich zu den anderen zehn Stadtteilen existieren hier überdurchschnittlich viele Arztpraxen. Dies bietet eine gute Grundlage für zukünftige Kooperationen (Landeshauptstadt Düsseldorf - Amt für Statistik und Wahlen, 2021, S. 2–4).

Die hohe Verkehrsauslastung und zahlreiche Einkaufsmöglichkeiten rund um den Standort „Am Wehrhahn 1, 40211 Düsseldorf" begründet die gut gewählte zentrale Lage und die damit verbundene gute Erreichbarkeit durch zahlreiche Verkehrsmittel. Der nahegelegene Hofgarten Park bietet Platz für zahlreiche Outdoor-Kurse. Der in zehn Minuten erreichbare S-Bahnhof „Düsseldorf Wehrhahn" wird von den S-Bahn Linien S1, S6, S11 befahren und bietet somit eine gute Verbindung zu den umliegenden Stadtteilen. Zusätzlich verkehren hier vier Stadtbahn- und sieben Buslinien. Der Standort bietet unzählige Parkmöglichkeiten in den umliegenden Parkhäusern (z.B.: Q-Park Kaufhof Wehrhahn, Parkhaus Galeria-Kaufhof am Wehrhahn). Zusätzlich stehen den Kunden zwei Taxistände am Gebäudekomplex zur Verfügung (Landeshauptstadt Düsseldorf, 2022).

Betrachtet man die Konkurrenzsituation im genannten Stadtbezirk, sind einige Fitnessstudios, welche mit klassischem Krafttrainingsangeboten werben, zu finden. Lediglich die Kette Kieser Training im Stadtteil Düsseldorf-Wehrhahn wird als direkter konkurrenzfähiger Mitbewerber eingeschätzt. Denn die Kieser Training AG (2022) wirbt aktiv mit einem gesundheitsorientierten Krafttraining.

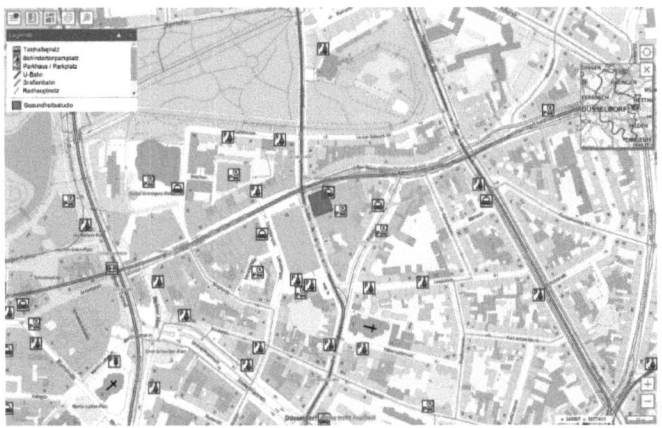

Abb. 1: Kartenausschnitt inklusive Maßstab 1:5000 (eigene Darstellung, modifiziert nach (Landeshauptstadt Düsseldorf, 2022)

1.2 Beschreibung des Unternehmenstyps

Die Kombination aller in der nachfolgenden Tabelle dargestellten Geschäftsfelder bietet den Kunden eine qualitative Auswahl an gesundheitsorientierten Dienstleistungen.

Tab. 1: Strategische Geschäftsfelder (eigene Darstellung)

Geschäftsfelder	Produkte & Dienstleistungen
Diagnostik und Rehabilitation	- ausführliche Anamnesegespräche und Trainingsplanerstellung - angegliederte Physiotherapiepraxis - Kooperation mit Allgemeinärzten und Orthopäden für eine bessere Diagnostik
Individuelles Gesundheitstraining	- gesundheitsorientiertes Kraft- und Herzkreislauftraining - individuelle und persönliche Betreuung, Personaltraining - Kinder- und Jugendsportangebote - Gesundheits- und Rehabilitationssportkurse im In- und Outdoorbereich
Betriebliches Gesundheitsmanagement (BGM)	- Beratungen und Schulungen - Vorträge

Das Gesundheitsstudio verfügt über eine barrierefreie Nutzfläche von ca. 1800m². Diese verteilt sich über drei Etagen, welche über ein großes Treppenhaus und einen zusätzlichen Fahrstuhl miteinander verbunden sind. In der ersten Etage befinden sich der Empfangsbereich, zwei Anamnese- und Beratungsräume, die angegliederte Physiotherapie und ein Konferenzraum für Vorträge und Schulungen.

Die Umkleideräume und der Krafttrainings- und Ausdauerbereich erstrecken sich über die komplette zweite Etage. Im letzten Stockwerk befinden sich drei große Kursräume.

Die in der Tab. 1 dargestellten Geschäftsfelder bieten den Kunden ein breites, aber qualitativ hochwertiges Angebot zur Prävention und Gesundheitsförderung. Neben den klassischen Geschäftsfeldern, wie dem individuellen Gesundheitstraining, bietet das Gesundheitsstudio Dienstleistungen im Bereich der ausführlichen Diagnostik und des betrieblichen Gesundheitsmanagements an, um mit der Kombination aller Geschäftsfelder eine möglichst große altersunabhängige Zielgruppe zu erreichen.

Ausführliche Anamnesegespräche und die Bestimmung aller notwendigen biometrischen Daten, mithilfe einer bioelektrischen Impedanzanalyse, bilden die Grundlage des Geschäftsfeldes „Diagnostik und Rehabilitation". Die daraus resultierenden Ergebnisse werden für die individuelle Trainings- und Kursplanung der Kunden genutzt. Durch eine intensive Zusammenarbeit mit der angegliederten Physiotherapie und den kooperierenden Ärzten kann eine umfangreiche Diagnostik und eine qualitativ hochwertige sowie individuelle Prävention und Rehabilitation gewährleistet werden.

Das Geschäftsfeld „individuelles Gesundheitstraining" umfasst ein gesundheitsorientiertes Kraft- und Herzkreislauftraining an zahlreichen Geräten namhafter Hersteller. Der einfach zu bedienende Milon® Zirkel ist besonders gut für Einsteiger und ältere Kunden geeignet. Eine Auswahl von eGym® und Life Fitness® Geräten vervollständigen das Geräteportfolio. Zubuchbare Personaltrainingseinheiten, Präventions-, Reha- und Kindersportkurse im In- und Outdoorbereich runden das Angebot ab. Durch Beratungen, Schulungen und Vorträge im Bereich des betrieblichen Gesundheitsmanagements sollen betriebliche Rahmenbedingungen, Strukturen und Prozesse gelehrt werden, um Unternehmen zukünftig gesundheitsförderlicher zu gestalten.

2 Phase der strategischen Zielplanung

2.1 Unternehmerische Vision / Mission / Grundwerte

Die Vision beschreibt eine allgemeine Zielsetzung, nach der ein Unternehmen strebt. Sie fungiert als richtungsweisende Orientierung der strategischen Führung und Umsetzung.

Die Vision *„Führender Anbieter und damit erster Ansprechpartner in Sachen Gesundheit und Wohlbefinden."* verdeutlicht den Ausblick in die Zukunft. Das geplante Gesundheitsstudio soll für alle Düsseldorfer jeden Alters der erste Anlaufpunkt im Bereich Gesundheit und Prävention sein. Die Vision soll den Kunden das Wunschbild vor Augen führen und das Gefühl vermitteln, dass sie im richtigen Studio ihren Weg in ein gesünderes Leben beginnen bzw. fortsetzen wollen (Ant, 2018, S. 162).

Die Mission wiederum beschreibt den Zweck, den Auftrag, das Tätigkeitsgebiet und die individuellen Kompetenzen des jeweiligen Unternehmens. Die Mission *„Wir schaffen Gesundheit und liefern, was wir versprechen. Wir begleiten Sie auf Ihren Weg in ein unbeschwertes und gesundes Leben!"* verdeutlicht, welchen positiven Beitrag das Unternehmen für Kunden und/oder die Gesellschaft leisten will. Sie soll den Kunden ein Gefühl einer qualitativen, professionellen und individuellen Betreuung aufzeigen. Durch das formulierte Versprechen wird ein intensives Vertrauensverhältnis aufgebaut (Johnson, Whittington, Scholes, Angwin & Regnér, 2018, S. 199).

Nach Hamm (2021, S. 13) beschreiben Unternehmenswerte angestrebte Grundsätze und Normen die das Unternehmen verfolgt und bilden somit die Grundpfeiler der Unternehmensidentität. Die vier individuellen Unternehmenswerte *„Kundenorientierung, Teamwork, Fachkompetenz und Vertrauen"* stellen für Mitarbeiter und Führungskräfte handlungsleitende Maxime dar und lassen sich auf die zuvor formulierte Vision und Mission zurückführen. Die formulierten Unternehmenswerte werden öffentlich nach innen und außen kommuniziert und sollen als Bausteine zahlreicher Marketingmaßnahmen genutzt werden.

2.2 Strategische Zielplanung

Auf Grundlage der zuvor genannten Vision, Mission und der Grundwerte werden Ziele im Zeithorizont zwischen drei und fünf Jahren formuliert, welche die grundsätzliche Ausrichtung für die zukünftige Unternehmensentwicklung aufzeigen sollen.

Tab. 2: Zielformulierung (eigene Darstellung)

Zielformulierung	Begründung
Bis 2024 soll das Kooperationsnetzwerk neben Physiotherapeuten und Orthopäden mit Sporttherapeuten, Osteopathen und Kinderärzten weiter ausgebaut werden.	Die Vielzahl an kompetenten Kooperationspartnern soll die umfangreiche Diagnostik und die daraus resultierende Trainingsplanung optimieren.
Bis Ende 2024 soll das Gesundheitsstudio über die Dienstleistungszerifizierungen DIN EN 17229, DIN-NORM 33961 und die Hygienezertifizierung verfügen.	Die externe Beurteilung bzw. Bestätigung der Dienstleistungsqualität bietet laut ZertFit (BSA-Zert, 2020) zahlreiche Vorteile, wie z.B. Verkaufsargument, Imagesteigerung, Marketingförderung.
Bis 2026 soll innerhalb des Gebäudekomplexes ein Fort- und Weiterbildungszentrum mit dem Schwerpunkt Gesundheit entstehen.	Neben den Fortbildungsangeboten für die eigenen Mitarbeiter, soll sich das Weiterbildungszentrum zur zentralen Anlaufstelle für zukünftige Trainer und Therapeuten entwickeln. Positive Nebeneffekte sind die eigenständige Qualitätssicherung und ein zusätzliches Einkommen.
Steigerung des ROI (Return on Investment) bis 2027 um 6%.	Durch die Festlegung des ROI kann gemessen werden, ob die gesetzten Unternehmensziele erreicht wurden. Der ROI kann mit einer Umsatzsteigerung und einer Reduzierung der laufenden Kosten gesteigert werden. Ziel des Unternehmens ist es, mit geringem Kapitaleinsatz einen höheren Gewinn zu erwirtschaften.

2.3 Branchenvergleich

Der Branchenvergleich wird rund um den Standort Düsseldorf-Wehrhahn vorgenommen. Für die Analyse werden zwei große etablierte Fitnessstudioketten in der direkten Umgebung auf Gemeinsamkeiten und Unterschiede in deren Visions-, Missions- und Grundwertformulierungen untersucht und bewertet.

Tab. 3: Branchenvergleich (eigene Darstellung)

	Gesundheitsstudio	Kieser Training (Kieser Training AG, 2022)	Fitness First (Fitness First Germany GmbH, 2022)
Vision	„Führender Anbieter und damit erster Ansprechpartner in Sachen Gesundheit und Wohlbefinden."	„Der Spezialist für Krafttraining. Eine starke Muskulatur ist die Basis für ein aktives und gesundes Leben. Und Kieser Training ist der effiziente Weg dorthin."	„Wir sind Fitness-Leader, die Menschen dazu inspirieren, im Leben weiterzugehen."
Mission	„Wir schaffen Gesundheit und liefern, was wir versprechen. Wir begleiten Sie auf Ihren Weg in ein unbeschwertes und gesundes Leben!"	„Ja zu einem starken Körper."	„Wir motivieren Menschen."

	Gesundheitsstudio	Kieser Training	Fitness First
Grundwerte	- Kundenorientierung - Teamwork - Fachkompetenz - Vertrauen	- Leidenschaft, die uns stark macht - Wissenschaftlich fundierte Methoden - Handlungsstärke - Glaubwürdigkeit - Teamgeist, Miteinander	- Leidenschaftlich - Dynamisch & flexibel - Ambitioniert - Empathisch - Teamorientiert

Bereits bei der Visionsformulierung ist bei jedem Anbieter ein individueller Schwerpunkt zu erkennen. Kieser Training verspricht einen effizienten Weg und will den Kunden eine einheitliche und qualitative Dienstleistung mit maximalen Trainingserfolg bei minimalem Zeitaufwand bieten. Fitness First hingegen will die richtige Balance aus Training sowie Ernährung finden und die Menschen sportlich motivieren. Das geplante Gesundheitsstudio grenzt sich mit seiner langfristig wirtschaftlich formulierten Zielsetzung deutlich ab.

Die Missionen aller Unternehmen unterscheiden sich neben der Länge auch in der Formulierung. Der Fokus des Gesundheitsstudios liegt auf der individuellen Kundenbetreuung und Wegbegleitung. Kieser Training hingegen formuliert die Mission als prägnante Aussage. Ziel dieser Mission ist es Körper und Geist gesund und leistungsfähig zu halten. Fitness First will die Menschen motivieren und ist somit der Mission des geplanten Gesundheitsstudios am ähnlichsten. Vergleicht man alle formulierten Missionen, ist zu erkennen, dass die Kunden im Mittelpunkt der Dienstleistung stehen.

Die zum Vergleich herangezogenen Unternehmen nennen fünf statt drei Grundwerte, welche sich teilweise inhaltlich überschneiden. Die formulierten Werte des geplanten Gesundheitsstudios sind denen von Kieser Training am ähnlichsten. Alle drei Unternehmen setzen auf Teamwork sowie Miteinander und stellen somit die Mitarbeiter als wichtigen Bestandteil in den Mittelpunkt des Handelns. Lediglich das Gesundheitsstudio nennt die Kundenorientierung als unverzichtbaren Wert und bekräftigt somit seine formulierte Mission. Fitness First spricht mit seinen Grundwerten eine junge, sportliche Zielgruppe an, wohingegen bei den anderen beiden Studios keine Priorisierung der Zielgruppe herauszulesen ist.

Es zeigt sich, dass eine abgrenzende und individuelle Formulierung der Vision, Mission und der Grundwerte unverzichtbar ist, um sich von anderen Unternehmen abzugrenzen und somit in der stetig wachsenden Fitness- und Gesundheitsbranche erfolgreich zu sein.

3 Phase der strategischen Analyse und Prognose

3.1 Branchenstrukturanalyse

Mithilfe der fünf Elemente des Five-Forces-Modell nach Porter können Unternehmen die Attraktivität eines Marktes analysieren und bewerten. Das Modell ermöglicht eine ganzheitliche Sicht auf das aktuelle sowie potenziell zukünftige Marktumfeld des geplanten Gesundheitsstudios (Schawel & Billing, 2018, S. 141).

Tab. 4: Branchenstrukturanalyse nach dem Five Forces Porter Modell (eigene Darstellung)

	Beschreibung	+/-
Konkurrenz zwischen vorhandenen Wettbewerbern	Hierzu zählen vor allem Fitnessketten, die sich auf den Bereich des gesundheitsorientierten Trainings spezialisiert haben und somit eine ähnliche Unternehmensstruktur aufweisen. Darunter zählen beispielsweise Studios der Kieser Training AG. Da das geplante Gesundheitsstudio eine breite Zielgruppe ansprechen will, zählen auch andere Fitnessstudios ohne direkte Spezialisierung zu den direkten Konkurrenten. Laut einer Zählung des deutschen Sportstudio-Verbandes (2022) weist die Fitnessbranche seit 2009 einen deutlichen Anstieg an Fitnessanlagen auf. Diese Zahlen bestätigen das stetige Branchenwachstum und den damit verbundenen Wettbewerb unter den Unternehmen. Im Umkreis von fünf Kilometern des Standortes befinden sich mehr als 15 Fitness- und Gesundheitsstudios. Dies spricht für eine hohe Marktdichte und einer damit verbundenen Konkurrenz im Bereich des Fitness- und Gesundheitssektors (Landeshauptstadt Düsseldorf, 2022). Da die Fitnessbranche eine hauptsächlich heterogene Konkurrentenstruktur aufweist wird der Wettbewerb über eine umfangreiche Produktdifferenzierung und die aktuelle als auch potenzielle Kundenanzahl bestimmt. Eine starke Kundenloyalität, Preis-Leistung und Qualität sind wichtige Indikatoren zwischen bestehenden Wettbewerbern (Heinze et al., 2011, S. 70).	-
Verhandlungsmacht der Lieferanten	Fitnessgeräte fungieren in der Branche als Qualitätsmerkmal und sind für das geplante Trainings- und Therapiekonzept unverzichtbar. Da das zukünftige Gesundheitsstudio keine eigenständige Rückwärtsintegration durchführen kann und somit nicht in der Lage ist, die benötigten Geräte selbst herzustellen, ist das Unternehmen dauerhaft auf externe Lieferanten angewiesen. Die umfängliche Lieferanten- bzw. Herstellerkonzentration mit über 100 Fitnessgeräteanbietern weltweit bietet zahlreiche Substitutionsprodukte und nochmals so viele Anbieter, welche das Unternehmen beliefern könnten. Dies spricht für eine geringe Verhandlungsmacht der Lieferanten (Little, 1996, S. 19). Die Verhandlungsmacht des gewählten Lieferanten macht sich aufgrund des großen Auftragsvolumens hauptsächlich vor der Eröffnung bemerkbar. Lediglich der Lieferantenwechsel birgt das Risiko hoher Kosten.	+
Bedrohung durch Ersatzprodukte oder -Dienstleistungen	Das seit 1997 international bestehende Unternehmen Les Mills, welches Gruppenfitnessprogramme vermarktet äußert sich mit folgender Aussage zur aktuellen Branchenbedrohung durch (digitale) Ersatzprodukte: „Technik-Giganten machen sich immer breiter in die Fitnessbranche. Damit wird der Druck für Studiobetreiber zunehmend größer, ihr digitales Angebot zu erweitern und den steigenden Anforderungen und Bedürfnissen Ihrer Mitglieder bei stetigem und schnellem Wandel gerecht zu werden." (LES MILLS GERMANY GmbH, 2021) Durch die voranschreitende Digitalisierung können Gesundheitsapps oder Livestreaming Sportangebote von Apple oder Peloton eine Bedrohung für die zukünftige Fitnessbranche darstellen. Betrachtet man die weltweite Entwicklung der Abonnentenanzahl des Fitnessanbieters Peloton, zeigt sich eine deutliche Steigerung seit Beginn der Corona-Pandemie und der damit verbundenen Studioschließungen. Im Jahr 2022 verzeichnete das Unternehmen fast drei Millionen Abonnements (Statista, 2022). Diese Daten bestätigen die potenzielle Bedrohung durch aktuell und zukünftige Ersatzprodukte. Bieten aber auch eine Chance für die zukünftige Unternehmensentwicklung.	-

		Beschreibung	+/-
Potenzielle neue Konkurrenten		Hohe Anfangsinvestitionen und aktuell steigende Fix- und Nebenkosten stellen schwer überwindbare Barrieren für den Markteintritt von Konkurrenzunternehmen dar. Auch die Wettbewerbsfähigkeit potenzieller neuer Konkurrenten ist von aktuellen Problemen, wie dem Fachkräftemangel oder der aktuellen Inflationskrise betroffen. Neuen Wettbewerbern wird es kurzfristig schwerfallen, ein konkurrenzfähiges und qualitativ ausgebildetes Team zusammenzustellen (Organisation für Wirtschaftliche Zusammenarbeit und Entwicklung, 2016, S. 20).	+
Verhandlungsmacht der Kunden		Die gesundheitsorientierte Fitnessbranche ist eine polypolitischen Marktform. Diese definiert sich über eine Preisbildung durch die stetige Wechselwirkung von Angebot und Nachfrage. Da beidseitig zahlreiche Marktteilnehmer vorhanden sind, haben die Kunden eine große Auswahl an alternativen Möglichkeiten und somit eine große Verhandlungsmacht (Diller, 2003, S. 144–146). Die seit 2022 bestehenden Vertragsbestimmung machen den monatlichen Wechsel zu alternativen Studios nach dem ersten Vertragsjahr sehr einfach, ohne dass Nachteile für den Kunden entstehen. Somit steigt die Verhandlungsmacht der Kunden deutlich an(Verbraucherzentrale NRW e.V, 2022).	-
Gesamtbewertung der Wettbewerbssituation			-

Nach dieser Analyse ist die Branchensituation tendenziell als schlecht („-") zu beurteilen. Vor allem die hohe Verhandlungsmacht der Kunden und die Bedrohung durch Ersatz-Dienstleistungen stellen ein erhöhtes Wettbewerbsrisiko dar. Ausgehend von der Branchenstrukturanalyse kann versucht werden, die Intensität der fünf Wettbewerbskräfte positiv zu beeinflussen oder sie gezielt auszunutzen. Dabei muss beachtet werden, dass die generellen Geschäftsmodelle der Branche nur bedingt beeinflusst werden können, jedoch die eigene Unternehmensstrategie gezielt angepasst werden kann. Beispielsweise kann die negativ beurteilte Verhandlungsmacht der Kunden durch eine Steigerung der Kundenloyalität und eine Verlagerung der Kaufentscheidung auf andere Faktoren als auf den Preis positiv beeinflusst werden. Das erhöhte Wettbewerbsrisiko kann mit einer Kooperation der Konkurrenzunternehmen oder durch die Nutzung der geplanten Differenzierungsstrategie abgemildert werden.

3.2 SWOT-Analyse

Die SWOT-Analyse gibt mit einer in- und externen Analyse der Stärken (Strengths) und Schwächen (Weaknesses) sowie der Möglichkeiten (Opportunities) und Risiken (Threats) einen umfassenden Überblick darüber, wie sich ein Unternehmen am Markt positionieren kann. Die in- und externen durchgeführten Analysen werden in einer abschließenden SWOT-Matrix (Tab. 7) zusammengeführt (Schawel & Billing, 2018, S. 126).

Tab. 5: Interne Unternehmensanalyse (eigene Darstellung)

Stärken (Strength)	Schwächen (Weaknesses)
Standort Das zentral in der Düsseldorfer Innenstadt gelegene Gesundheitsstudio bietet durch die gute Erreichbarkeit mit Bus, Bahn, Rad und Auto einen optimalen Standort für ein gut gelegenes Gesundheitsstudio.	**Fehlende Bekanntheit** Dem Studio fehlen durch seinen geringen Bekanntheitsgrad in Deutschland das positive Image und die damit verbundene positive Markenassoziation.
Umfangreiches Angebot Die umfassende und qualitative Auswahl an gesundheitsorientierten Dienstleistungen bieten ein umfangreiches Angebot in den gewählten Geschäftsfeldern (Tab.1).	**Fehlender Kundenstamm** Da sich das Unternehmen in der Neugründung befindet, ist kein fester Kundenstamm vorhanden.
Qualifizierte Mitarbeiter Die Dienstleistungs- und Unternehmensqualität wird durch die Qualifikationen der Mitarbeiter garantiert. Das perspektivisch entstehende Weiterbildungszentrum soll eine dauerhaft hochwertige Dienstleistung garantieren.	**Fehlende Kooperationspartner** Das fehlende nationale Image, welches einen Grundstein für potenzielle Kooperationspartner darstellt, bietet keine begründete Notwendigkeit für die Unternehmen mit dem geplanten Gesundheitsstudio zu kooperieren.
Moderne, attraktive Ausstattung Die sanierten Therapie-, Trainings- und Beratungsflächen sind mit den neusten Fitnessgeräten ausgestattet. Die Kursräume verfügen über eine umfangreiche und qualitativ hochwertige Ausstattung.	**Fehlende Reichweite auf Social Media Plattformen** Durch die geplante Neueröffnung wurden bereits Profile auf zahlreichen online Plattformen geschaffen. Durch den geringen Bekanntheitsgrad ist die Reichweite in Deutschland jedoch noch eingeschränkt.

Tab. 6: Externe Umweltanalyse (eigene Darstellung)

Chancen (Opportunities)	Risiken (Threats)
Demografischer Wandel: Die Auswirkungen der demographischen Alterung birgt eine positive Veränderung des krankheits- und. gesundheitsorientierten Handelns (Forschungsgesellschaft für Gerontologie e.V., 2011, S. 7).	**Corona-Pandemie** Erneute Lockdownmaßnahmen können den gesellschaftlichen Zusammenhalt, die politische Struktur und die Unternehmensstruktur des Gesundheitsstudios nachträglich schwächen (Bodenkamp, 2020, S. 11)
Steigendes Gesundheitsbewusstsein Der zunehmende Wertewandel und der damit verbundene immer attraktiver werdende Gedanke an Gesundheit- und Lebensqualität haben in den letzten Jahren deutlich an Bedeutung gewonnen. In einer IBISWorld Analyse zeigt sich seit 2016 eine durchschnittliche Zunahme des Gesundheitsbewusstseins um 4,8% pro Jahr. Die seit 2020 deutliche Zunahme um 10%, lässt sich mit der Corona-Pandemie begründen (IBISWorld, 2021).	**Ukraine Krieg** Die absehbare steigende Preisniveauentwicklung aufgrund der deutschen Abhängigkeit zu russischen Gas-Importen ließ die deutsche Inflationsrate von 5,1% auf aktuell 10% ansteigen (Statistisches Bundesamt, 2022). Die dadurch steigenden Nahrungs- und Energiepreise wirken sich negativ auf die Konsumausgaben aus. Dies führt zu einer geringeren Kaufkraft in allen Bereichen der deutschen Wirtschaft (Bodenkamp, 2020, S. 47).
Digitalisierung Die immer weiter zunehmende Digitalisierung bietet den Unternehmen die Möglichkeit, Geschäftsprozesse zu automatisieren und somit zu vereinfachen. Parallel können Unternehmen ihr Angebot mit digitalen Zusatzangeboten erweitern oder ihre Dienstleistung online vermarkten. Durch die Nutzung digitaler Medien lassen sich u.a. Werbemaßnahmen durch E-Mail-Marketing oder Displaywerbung deutlich effektiver gestalten (Ternès, 2020, S. 13)	**Fachkräftemangel** Der seit 2019 bestehende Fachkräftemangel soll bis 2035 nochmals um 30% steigen. Dies kann die Innovations- und Wettbewerbsfähigkeit aller Unternehmen negativ beeinflussen. Zudem müssen Personalengpässe mit Mehrarbeit der Belegschaft kompensiert werden, um Geschäftszeiten und die Qualität des Dienstleistungsangebote aufrecht zu erhalten (Deutscher Industrie- und Handelskammertag e.V., 2021, S. 20).
Präventionsangebote der Krankenkassen Krankenkassen sollen Versicherte mit verschiedensten Angeboten und Kooperationen motivieren etwas für Ihre Gesundheit zu tun. Eine perspektivische Übernahme oder Subventionierung der Fitnessstudiobeiträge kann dem Studio neue Kunden und damit verbundene Mehreinnahmen bieten (GKV-Spitzenverband, 2022).	**Kundenerwartung** Die Kundenerwartung stellt im Dienstleistungsbereich eine subjektive Antizipation und somit eine indirekte Anforderung an den Dienstleister und dessen erbrachte Leistung dar und kann die Zufriedenheit des Kunden maßgeblich beeinflussen (Rusnjak & Schallmo, 2018, S. 219).

Tab. 7: SWOT-Matrix (eigene Darstellung)

		Interne Analyse	
		Stärken (Opportunities)	Schwächen (Threats)
Externe Analyse	**Chancen (Strengths)**	**S-O-Strategie:** **Moderne, attraktive Ausstattung - Digitalisierung** Die Chance der immer weiter fortschreitenden Digitalisierung kann die Modernität und die Produkt- bzw. Dienstleistungsqualität durch online Terminplanung, Livestream Kurse und einem virtuellen Kundenbereich über eine eigene App noch attraktiver gestalten. **Qualifizierte Mitarbeiter - Demografischer Wandel** Die älter werdende Gesellschaft profitiert von der Stärke hoch qualifizierter Mitarbeiter. Denn altersbedingte gesundheitliche Einschränkungen können mit fachlichem Wissen und Erfahrung deutlich besser behandelt oder sogar präventiv verhindert werden. Durch speziell ausgerichtete begleitende Trainingseinheiten kann noch individueller auf den älteren Kundenstamm eingegangen werden.	**S-T-Strategien:** **Qualifizierte Mitarbeiter - Corona Pandemie** Erneute Corona bedingte Lockdownmaßnahmen und damit verbundene wirtschaftlich negative Folgen können durch qualifiziertes Personal gemindert werden. Blickt man auf zurückliegenden Maßnahmen zurück, ist zu erkennen, dass Physio- und Sporttherapeuten systemrelevante Berufe darstellen und deren Tätigkeitsbereiche unter gewissen Auflagen geöffnet bleiben durften. **Umfangreiches Angebot - Fachkräftemangel** Die zahlreichen Trainings- und Dienstleistungsbereiche schaffen nicht nur einen abwechslungsreichen Job, sondern auch zahlreiche (neue) Arbeitsplätze. Das bis 2026 eröffnete Fort- und Weiterbildungszentrum soll den (zukünftigen) Mitarbeitern die Möglichkeit zur stetigen Weiterentwicklung bieten.
	Risiken (Weaknesses)	**W-O-Strategien:** **Fehlender Kundenstamm - Steigendes Gesundheitsbewusstsein** Das steigende Gesundheitsbewusstsein und das damit verbundene Interesse etwas für den Körper und die eigene Gesundheit zu tun, wird durch Zitate und Erfolgsgeschichten in geplante Marketingmaßnahmen integriert, um potenzielle Neukunden zum Abschluss einer Mitgliedschaft zu motivieren. **Fehlende Bekanntheit - Digitalisierung** Die Digitalisierung und die damit verbundenen modernen Werbemaßnahmen können die Schwäche der fehlenden Bekanntheit und der geringen Markenassoziation mit einem attraktiven Newsletter Angebot oder einem strukturierten Online-Marketing positiv beeinflussen.	**W-T-Strategien:** **Fehlender Kundenstamm - Ukraine-Krieg** Durch aktive Werbe- und Neukundenkampagnen kann die Markenassoziation aufgewertet und ein stabiler Kundenstamm gebildet werden. Dadurch können wirtschaftliche Folgen (steigende Energie- und Produktpreise) des Ukraine-Kriegs für das Gesundheitsstudio gemindert werden. **Fehlende Reichweite auf Social-Media Plattformen - Kundenerwartung** Der Aufbau einer aussagekräftigen Marketingstruktur im Bereich der Social-Media Plattformen kann die Kundenerwartung mit einer professionellen und persönlichen Repräsentation des Gesundheitsstudios positiv beeinflussen. Gut kreierter kreativer Plattforminhalte schafft Reichweite und somit neue potenzielle Kunden.

3.3 Zielplanung

Die Vision des Gesundheitsstudios, als führender Anbieter in Sachen Gesundheit zu fungieren, lässt sich auch nach den vorstehenden Branchenstruktur- und SWOT-Analysen realisieren. Benötigt werden dafür qualifizierte fachkompetente Mitarbeiter, ein umfangreiches zertifiziertes Dienstleistungsangebot, verschiedene Kooperationen mit lokalen Partnern sowie Krankenkassen und eine moderne Studioausstattung. Mithilfe der fortschreitenden Digitalisierung und gezielten Marketingmaßnahmen kann ein Image als ganzheitliches Gesundheitsstudio für ein unbeschwertes und gesundes Leben aufgebaut werden.

Als Alleinstellungsmerkmal bleibt das individuell zugeschnittenes Gesundheitsangebot in Kombination mit neuster technischer Ausstattung und gleichbleibender Mitarbeiterstamm. Um in den Kunden insbesondere ein vertrauensvolles Trainings- und Behandlungsgefühl zu wecken, werden unsere Mitarbeiter ständig in ihren Fachkompetenzen weiterentwickelt und der Mitarbeiterfluktuation durch bewährte Teambuildingmaßnahmen entgegengewirkt.

4 Phase der Strategieformulierung

4.1 Strategieformulierung

Nach der Analyse und der durchgeführten Prognose wird die strategische Vorgehensweise mit einer Strategieformulierung fortgeführt. Die Strategieformulierung erfolgt auf Unternehmens- und Geschäftsbereichsebene.

Innerhalb der Unternehmensebene wird auf die Wachstumsstrategie zurückgegriffen. Ziel ist es, dass das Unternehmen seine nationale Wettbewerbsposition gemäß der formulierten Vision verbessert und somit einen großen Marktanteil innerhalb der gesundheitsorientierten Fitnessbranche gewinnt. Die vier Wachstums-Kernstrategien (Marktdurchdringung, Produktentwicklung bzw. -modifikation, Marktentwicklung und Diversifikation) kennzeichnen die Produkt-Markt-Matrix nach Ansoff. Um neue Geschäftsfelder zu entwickeln und sich somit als Unternehmen breiter aufzustellen, will das geplante Gesundheitsstudio auf die Produktentwicklungsstrategie zurückgreifen. Neuste Geräte und weiterentwickelte Kurs- und Trainingsstrategien ermöglichen eine Erweiterung des Dienstleistungsangebots und eine Umsatzsteigerung durch potenzielle Neukunden (Nagel & Wimmer, 2014, S. 207).

Das zukünftig bis 2026 geplante Fort- und Weiterbildungszentrum bietet die Grundlage für eine zusätzliche vertikale Diversifikation. Die dadurch entstehende vorgelagerte Wirtschaftsstufe sichert eine langfristige unabhängige Unternehmensentwicklung. Durch die Integration des Fort- und Weiterbildungszentrum, können Weiterbildungskosten eingespart und zusätzliche Einnahmen generiert werden. Das bis 2024 geplante Ärzte-Kooperationsnetzwerk bildet aufgrund der beiden unterschiedlichen Branchen eine konglomerate Kooperation (Kreutzer, 2010, S. 162).

Die geplante branchenübergreifender Zusammenarbeit ermöglicht eine Erweiterung des Dienstleistungsangebot und schafft einen attraktiven, zentralen und gesundheitsorientierten Ort, an dem eine professionelle und fachliche Versorgung garantiert ist (Kreutzer, 2010, S. 163).

Strategien innerhalb der Geschäftsbereichsebene werden durch drei Wettbewerbsstrategien (Kostenführerschaft, Differenzierung oder Nischenproduktion) nach Porter definiert. Das Gesundheitsstudio will mit den geplanten Geschäftsfeldern die Differenzierungsstrategie anwenden, um durch die Einzigartigkeit und die Qualität der Dienstleitungen an Image zu gewinnen und somit seine Vision und Mission gezielt zu verfolgen. Das daraus resultierende Dienstleistungsspektrum bietet aktuellen und potenziellen (Neu)Kunden kaufentscheidende Merkmale gegenüber den Wettbewerbern (Kreutzer, 2010, S. 171).

4.2 Blue Ocean-Strategie

Bezugnehmend auf die zuvor formulierten Strategien, wird im Rahmen der Blue Ocean-Strategie ein neues Angebot im bestehenden Unternehmen etabliert. Um sich von der Konkurrenz abzugrenzen, wird eine neues Angebot geschaffen. Anders als die direkten Mitbewerber will das Unternehmen nicht nur für die Hauptzielgruppe der 30- bis 65-Jährigen ein umfassendes Gesundheitsangebot bieten, sondern auch für Kindern und Jugendliche im Alter von 6 – 17 Jahren. Mitbewerber wie Fitness First bieten bereits Betreuungsangebote für den Nachwuchs ihrer Mitglieder an. Auch das Konzept des geplanten Gesundheitsstudios will Mitgliedern mit Kindern den Weg in ein gesundes Leben vereinfachen und ihnen die Hürde der fehlenden Kinderbetreuung nehmen. Das Konzept geht jedoch noch einen Schritt weiter.

Neben der Kinderbetreuung in unserer eigens entwickelten Sport- und Spielecke soll ein Kinder- und Jugendgerechtes Bewegungs- und Präventionskonzept mit dem Namen „Young & Movable" angeboten werden, welches zu einer aktiven Bewegung motivieren soll. Gerade während der Coronapandemie zeigt ein Vergleich von Covid-19-Studien (Naul, 2021) den zunehmenden Trend von Inaktivität durch Homeschooling und eingeschränkten Freizeitaktivitäten der Kinder- und Jugendlichen. Dieser Negativtrend kann durch übermäßigen Medienkonsum, Bewegungsmangel und gleichzeitiger Fehlernährung die körperliche und psychische Gesundheit von Kindern und Jugendlichen negativ beeinflussen (Presse- und Informationsamt der Bundesregierung, 2021).

Das mit Ärzten und Therapeuten entwickelte Konzept soll den Kindern und Jugendlichen das Bewusstsein für die eigene Gesundheit aktivieren und stärken. Je nach Alter trainieren die Kinder und Jugendlichen in den unseren Kursräumen oder selbstständig im Gerätebereich. Die Kursinhalte werden gemeinsam mit Sportwissenschaftlern und Orthopäden aus unserem Kooperationsnetzwerk entwickelt. In wiederkehrenden Aktionstagen werden Eltern, Großeltern und Freunde zum gemeinsamen Training eingeladen, um das Gemeinschaftsgefühl zu stärken und potenzielle Neukunden zu gewinnen. Preislich wird sich das „Young & Movable" Sport- und Kursangebot im unteren Segment mittels Tageskarten ansiedeln. Sind bereits die Eltern Mitglieder in unserem Gesundheitsstudio, wird ein Rabatt gewährt.

Im Rahmen des Angebotes soll die gesunde, körperliche sowie psychische Entwicklung der Kinder und Jugendlichen unterstützt werden. Neben zahlreichen Kursen soll eine Kombination aus Körperkräftigungsübungen, Koordinations-, Schnelligkeits- und Geschicklichkeitsspielen angeboten werden. Kurz vor der Volljährigkeit werden die Jugendlichen an den gesundheitsorientierten Breitenkraftsport herangeführt, um sie als Mitglieder nicht zu verlieren. Kindgerechte Kurzvorträge zum Beispiel zum Thema Selbstwahrnehmung in Social-Media sollen die Psyche der Heranwachsenden stärken.

5 Personalmanagement

5.1 Führungsverhalten

Der aktuelle Fachkräftemangel birgt die Gefahr, dass Mitarbeiter das Unternehmen verlassen. Daher sollten die Mitarbeiter an das eigene Unternehmen gebunden werden. An dieser Stelle kommt dem richtigen Führungsverhalten der Vorgesetzen eine hohe Bedeutung zu, denn für 59% der Arbeitnehmer ist ein gutes Führungsverhalten ausschlaggebend für die Attraktivität des Arbeitgebers (New York SE, 2022).

In der international vertretenen Unternehmensgruppe hat sich der emotionale, gefühlsorientierte Führungsstil als besonders erfolgreich herausgestellt. Es gibt sechs verschiedene Arten von emotionaler Führung, von denen jede in einer bestimmten Situation angewandt wird (Goleman, Boyatzis & McKee, 2020, S. 82–83).

Die Führungskraft trägt die Verantwortung für die Umsetzung der Unternehmensvision. Daher sollte sie ein visionärer Führungstyp sein, der als Impulsgeber mit hohem Selbstvertrauen und Empathie wahrgenommen wird. Die Führungskraft leitet für ihr Team konkrete gemeinsame Ziele aus der Vision ab, um das Zusammengehörigkeitsgefühl zu fördern. Gerade bei größeren Veränderungen wie dem Start des Gesundheitsstudios, ist diese Art der Führung motivierend für alle Mitarbeitenden. Die Führungskraft sollte die Mitarbeiter parallel mit dem coachenden Stil fördern, fordern und unterstützen. Wichtig dabei ist Empathie, Menschenkenntnis und der Wille, andere weiterzuentwickeln, indem Stärken und Schwächen erkannt werden. Die Führungskraft sollte zudem gefühlsorientiert (affiliativ) führen, indem sie Harmonie im Team schafft und die Mitarbeiter miteinander verbindet. Dies setzt voraus, dass die Führungskraft kommunikativ und vertrauensvoll ist, damit sie neben der fachlichen auch auf die persönliche Ebene der Mitarbeiter eingehen kann. Teamwork stellt einen wichtigen Unternehmenswert des Gesundheitsstudios dar, deshalb sollte die Führungskraft nach dem partizipativen Stil demokratisch führen. Sie soll die Mitarbeiter in Entscheidungsprozesse einbeziehen und Diskussionen sowie fachlichen Austausch fördern. Daher sollten bei ihr Persönlichkeitsmerkmale wie Durchsetzungsvermögen und Neutralität besonders ausgeprägt sein. In manchen Notsituationen, in denen schnelle Entscheidungen getroffen werden müssen, sollte in Ausnahmefällen im direktiven Stil geführt werden. Da dieser Führungsstil eine negative Wirkung auf die intrinsische Motivation der Mitarbeiter haben kann, sollte er nur bedingt eingesetzt werden. Da sich die Unternehmensgruppe in Deutschland schnell etablieren möchte, werden von den Führungskräften und Mitarbeitenden gleichermaßen Leistungsbereitschaft und Qualität eingefordert. Dementsprechend sollten die Führungskräfte pflichtbewusst sein und eine hohe Eigeninitiative aufweisen, damit sie die Mitarbeitenden leistungsorientiert führen (Pacesetting Stil) können (Goleman et al., 2020, S. 82–85).

Schlussendlich geht es bei der emotionalen und situativen Führung hauptsächlich um Wertschätzung der Mitarbeiter. Wird diese durch die Führungskraft glaubhaft gelebt, so wird die Vertrauensbasis zwischen Führungskraft und Team gestärkt. Die Wahrscheinlichkeit der Mitarbeiterfluktuation wird verringert. Vielmehr kann ein guter Führungsstilmix bewirken, dass sich Mitarbeiter im Unternehmen so wohlfühlen, dass sie darüber öffentlich sprechen und somit das Gesundheitsstudio für neue Bewerber attraktiv machen.

5.2 Recruiting

Führungskräfte haben in einem Unternehmen eine erfolgskritische Rolle. In Verbindung mit präzisen Anforderungsprofilen kann das Risiko einer Fehlbesetzung reduziert werden, um nicht zuletzt Folgekosten durch einen erneuten Recruiting-Prozess zu vermeiden (Wöhe & Döring, 2013, S. 136).

Da das Gesundheitsstudio neu gegründet wird, wird ein unternehmensexternes Recruiting durchgeführt. Im Rahmen der Führungskräftesuche setzt das Gesundheitsstudio auf branchenspezifische Headhunter, da diese über ein ausgebautes Netzwerk verfügen und die entsprechende Recruitingerfahrung in der Gesundheitsstudiobranche aufweisen. Anhand definierter Kriterien wie Qualifikationen, praktische Erfahrungen sowie geschulten psychologischen Testverfahren trifft der Headhunter eine Vorauswahl. Nach der Vorauswahl wird per Video-/Telefoninterview ein gemeinsames Kennenlernen vereinbart. Dieser Termin dient dazu, dass die Geschäftsleitung des Gesundheitsstudios einen ersten Eindruck vom Bewerber bekommt und auch der Bewerber das Unternehmen beurteilen kann. Anschließend werden die geeignetsten Kandidaten in ein Assessment Center am Unternehmensgruppenstandort eingeladen, um die fachliche und persönliche Eignung zu prüfen (Scholz, 2014, S. 178).

Bei einem Assessment-Center handelt es sich um multimodale eignungsdiagnostische Verfahren. Mit dieser Methode können mehrere Bewerber gleichzeitig getestet und verglichen werden. Die Durchführung und Vorbereitung ist hingegen aufwendiger als normale Vorstellungsgespräche, da vorher einheitliche Beurteilungskriterien definiert werden, um Beobachtungsergebnisse transparent zu machen. Durch mehrere geschulte Beobachter lassen sich subjektive Beobachtungsverzerrungen oder Wahrnehmungsfehler verringern. Die Aufgaben (z.B. Rollenspiele, Gruppendiskussionen) im Assessment Center spiegeln berufsnahe Situationen in der Gesundheitsstudiobranche wider, um Hard- und Softskills (z.B. Marktkenntnis, Führungsqualitäten, Entschlossenheit) der Bewerber, zugeschnitten auf die vakante Position, einzuschätzen. Die Vielfalt der Aufgaben lassen einen umfassenden Gesamteindruck der Bewerber zu und vereinfachen die Auswahl der geeigneten Führungskraft (Kleinmann, 2013, S. 2).

6 Literaturverzeichnis

Ant, M. (2018). *Effizientes Strategisches Management. Die 10 Phasen Einer Erfolgreichen Unternehmensentwicklung.* Wiesbaden: Gabler. https://doi.org/Marc

Bodenkamp, F. (2020). *Das Corona Beben. Hintergründe und Folgen einer ungewöhnlichen Wirtschaftskrise.* Norderstedt: Books on Demand.

BSA-Zert. (2020, 8. Oktober). *Vorteile der Dienstleistungszertifizierung ZertFit,* BSA-Zert. Zugriff am 26.11.2022. Verfügbar unter: https://www.bsa-zert.de/vorteile-der-dienstleistungszertifizierung/

Deutscher Industrie- und Handelskammertag e.V. (2021). *Fachkräfteengpässe schon über Vorkrisenniveau. DIHK-Report Fachkräfte 2021.* Zugriff am 02.12.2022. Verfügbar unter: file:///C:/Users/Mandy/Downloads/dihk-report-fachkraeftesicherung-2021-data.pdf

Diller, H. (2003). *Handbuch Preispolitik. Strategien -- Planung -- Organisation -- Umsetzung.* Wiesbaden: Springer Gabler. in Springer Fachmedien Wiesbaden GmbH. Verfügbar unter: https://ebookcentral.proquest.com/lib/kxp/detail.action?docID=6281710

DSSV (Statista, Hrsg.). (2022). *Anzahl der Anlagen in der Fittnessbranche in Deutschland von 2008 bis 2021.* Zugriff am 04.12.2022. Verfügbar unter: https://cajjmhb5eh0nrdjftuc88gcc.bibliothek.dhfpg.de/statistik/daten/studie/6231/umfrage/anzahl-der-anlagen-in-der-fitness-branche/

Fitness First Germany GmbH. (2022, 26. November). *Über uns - Fitness First.* Zugriff am 26.11.2022. Verfügbar unter: https://www.fitnessfirst.de/wer-wir-sind

Forschungsgesellschaft für Gerontologie e.V. (2011). Gesund leben und älter werden in Eving. Zugriff am 17.12.2022. Verfügbar unter: https://www.bundesgesundheitsministerium.de/fileadmin/Dateien/5_Publikationen/Gesundheit/Berichte/Abschlussbericht_Aktionsbuendnis_Gesund_leben_und_aelter_werden_in_Eving.pdf

GKV-Spitzenverband. (2022). *Präventionsangebote der Krankenkassen - GKV-Spitzenverband.* Zugriff am 17.12.2022. Verfügbar unter: https://www.gkv-spitzenverband.de/service/versicherten_service/praeventionskurse/primaerpraeventionskurse.jsp

Goleman, D., Boyatzis, R. E. & McKee, A. (2020). *Emotionale Führung* (U. Zehetmayr, Übers.) (Ullstein, Bd. 36466, Ungekürzte Ausgabe, 10. Auflage). Berlin: Ullstein.

Hamm, W. (2021). *Unternehmenswerte. Der Weg zu Ihren eigenen Werten und deren erfolgreiche Anwendung in Ihrem Unternehmen.* Norderstedt: BoD – Books on Demand. Verfügbar unter: https://www.bundesgesundheitsministerium.de/fileadmin/Dateien/5_Publikationen/Gesundheit/Berichte/Abschlussbericht_Aktionsbuendnis_Gesund_leben_und_aelter_werden_in_Eving.pdf

Heinze, R., Römmelt, B. & Daumann, F. (2011). Ausgewählte Managementprobleme in Fitnessstudios. *Die Zeitschrift Sciamus – Sport und Management.* Zugriff am 13.12.2022. Verfügbar unter: https://d-nb.info/1010983555/34

IBISWorld. (2021). *Gesundheitsbewusstsein.* Zugriff am 10.12.2022. Verfügbar unter: https://www.ibisworld.com/de/bed/gesundheitsbewusstsein/409/

Johnson, G., Whittington, R., Scholes, K., Angwin, D. & Regnér, P. (2018). *Strategisches Management. Eine Einführung* (11., aktualisierte Auflage). Hallbergmoos: Pearson. https://doi.org/Gerry

Kieser Training AG. (2022, 26. November). *Der Spezialist für Krafttraining.* Zugriff am 26.11.2022. Verfügbar unter: https://www.kieser-training.de/

Kleinmann, M. (2013). *Assessment-Center. Mit Arbeitsmaterialien und Fallbeispielen* (Praxis der Personalpsychologie, Bd. 3, 2., überarb. und erw. Aufl.). Göttingen, Bern, Wien: Hogrefe.

Kreutzer, R. T. (2010). *Praxisorientiertes Marketing. Grundlagen – Instrumente – Fallbeispiele* (Springer eBook Collection Business and Economics, 3., vollständig überarbeitete und erweiterte Auflage). Wiesbaden: Gabler. https://doi.org/10.1007/978-3-8349-8525-5

Landeshauptstadt Düsseldorf. (2022, 21. Oktober). *Düsseldorf Maps.* Zugriff am 26.11.2022. Verfügbar unter: https://maps.duesseldorf.de/

Landeshauptstadt Düsseldorf - Amt für Statistik und Wahlen. (2021). *Statistische Daten.* Zugriff am 13.12.2022. Verfügbar unter: https://www.duesseldorf.de/fileadmin/Amt12/statistik/stadtforschung/download/stadtbezirke/Stadtbezirk01.pdf

LES MILLS GERMANY GmbH. (2021). *Harte Konkurrenz durch Technikgiganten - So halten Sie Ihnen Stand.* Zugriff am 13.12.2022. Verfügbar unter: https://www.lesmills.com/de/studios/forschung-insights/fitness-trends/harte-konkurrenz-durch-technikgiganten/

Little, A. D. (1996). *Management im vernetzten Unternehmen* (Springer eBook Collection Business and Economics). Wiesbaden: Gabler Verlag. https://doi.org/10.1007/978-3-322-82652-7

Nagel, R. & Wimmer, R. (2014). *Systematische Strategieentwicklung. Modelle und Instrumente für Berater und Entscheider.* Verfügbar unter: https://ebookcentral.proquest.com/lib/kxp/detail.action?docID=1175046

Naul, R. (2021). Covid-19-Studien im Vergleich. *Forum Kinder- und Jugendsport, 2*(2), 137–144. https://doi.org/10.1007/s43594-021-00043-8

New York SE. (2022). *XING Wechsel-bereitschafts-studie 2022. Viele Menschen kündigen ihren Job ohne neue Stelle in Aussicht zu haben.* Zugriff am 13.12.2022. Verfügbar unter: https://www.new-work.se/de/newsroom/pressemitteilungen/2022-xing-studie-jeder-vierte-kuendigt-job-ohne-neue-stelle-in-aussicht%20zu%20haben

Organisation für Wirtschaftliche Zusammenarbeit und Entwicklung. (2016). *Integrationsfördernde Unternehmensgründung. Kompendium Bewährter Verfahren.* Paris: OCDE.

Presse- und Informationsamt der Bundesregierung. (2021). *Kindergesundheit: Wie Kinder unter der Pandemie leiden.* Zugriff am 13.12.2022. Verfügbar unter: https://www.bundesregierung.de/breg-de/service/archiv/kinder-corona-belastung-1940630

Rusnjak, A. & Schallmo, D. R. A. (Hrsg.). (2018). *Customer Experience im Zeitalter des Kunden. Best Practices, Lessons Learned und Forschungsergebnisse* (SpringerLink Bücher). Wiesbaden: Springer Gabler. https://doi.org/10.1007/978-3-658-18961-7

Schawel, C. & Billing, F. (2018). *Top 100 Management Tools. Das wichtigste Buch eines Managers Von ABC-Analyse bis Zielvereinbarung* (SpringerLink Bücher, 6. Aufl. 2018). Wiesbaden: Springer Gabler. https://doi.org/10.1007/978-3-658-18917-4

Scholz, C. (2014). *Personalmanagement. Informationsorientierte und verhaltenstheoretische Grundlagen* (Vahlens Handbücher der Wirtschafts- und Sozialwissenschaften, 6th ed.). München: Franz Vahlen. Verfügbar unter: https://ebookcentral.proquest.com/lib/kxp/detail.action?docID=6991070

Statista (Peloton, Hrsg.). (2022, 13. Dezember). *Abonnentenanzahl von Peloton weltweit bis 2022.* Zugriff am 13.12.2022. Verfügbar unter: https://cajjmhb5eh0nrdjftuc88gcc.bibliothek.dhfpg.de/statistik/daten/studie/1218425/umfrage/abonnenten-von-peloton-weltweit/

Statistisches Bundesamt. (2022). *Inflationsrate in Deutschland von November 2021 bis November 2022.* Zugriff am 17.12.2022. Verfügbar unter:

https://cajjmhb5eh0nrdjftuc88gcc.bibliothek.dhfpg.de/statistik/daten/studie/1045/um-frage/inflationsrate-in-deutschland-veraenderung-des-verbraucherpreisindexes-zum-vorjahresmonat/

Ternès, A. (Hrsg.). (2020). *Digitalisierung als Chancengeber. Wie KI, 3D-Druck, Virtual Reality und Co. neue berufliche Perspektiven eröffnen.* Wiesbaden: Springer Gabler. Verfügbar unter: https://ebookcentral.proquest.com/lib/kxp/detail.action?docID=5916272

Verbraucherzentrale NRW e.V, Havlat, O. (Mitarbeiter). (2022, 13. Dezember). *Gesetz für fairere Verträge: mehr Schutz bei Kosten und Laufzeiten.* Zugriff am 13.12.2022. Verfügbar unter: https://www.verbraucherzentrale.de/wissen/vertraege-reklamation/kundenrechte/gesetz-fuer-fairere-vertraege-mehr-schutz-bei-kosten-und-laufzeiten-55274

Wöhe, G. & Döring, U. (2013). *Einführung in die Allgemeine Betriebswirtschaftslehre* (Vahlens Handbücher der Wirtschafts- und Sozialwissenschaften, Hauptbd, 25., überarb. und aktualis. Aufl.). München: Vahlen.

7 Abbildungsverzeichnis

Abb. 1: Kartenausschnitt inklusive Maßstab 1:5000 (eigene Darstellung, modifiziert nach (Landeshauptstadt Düsseldorf, 2022)... 4

8 Tabellenverzeichnis

Tab. 1: Strategische Geschäftsfelder (eigene Darstellung) 4

Tab. 2: Zielformulierung (eigene Darstellung).. 7

Tab. 3: Branchenvergleich (eigene Darstellung)... 7

Tab. 4: Branchenstrukturanalyse nach dem Five Forces Porter Modell (eigene Darstellung) 9

Tab. 5: Interne Unternehmensanalyse (eigene Darstellung) 11

Tab. 6: Externe Umweltanalyse (eigene Darstellung)................................... 11

Tab. 7: SWOT-Matrix (eigene Darstellung).. 12